Género **Ficción histórica**

Pregunta esencial

¿Cómo conectan las tradiciones a las personas?

Una canción para Marie y Ajidamo

Marcie Rendón
Anishinabe Tierra Blanca

ilustraciones de Val Paul Taylor

Capítulo 1 Cambios

Marie balanceaba la cubeta de un lado para otro mientras caminaba por el camino de grava. Un fino polvillo del color de la arena se adhería a sus pies desnudos. Algunos grillos chirriaban en las zanjas. Era una melodía del calor del verano. Unas pocas mariposas monarca volaron sobre los algodoncillos sembrados a lo largo del camino. Marie recordó que su abuela le había dicho que hallaría los arbustos de capulines en la esquina que quedaba a un cuarto de milla al sur del pueblo.

Al pasar frente a la iglesia episcopal le dio un vistazo. "Nin dah zhe be koom, Je sus, Kah zhe shin suh ke yuh win". Estas palabras flotaban en el tibio aire del verano. El abuelo y la abuela siempre hablaban en ojibwa, sobre todo cuando no querían que ella se enterara de lo que estaban discutiendo. Marie comprendía el ojibwa más de lo que la gente creía. "Nin dah zhe be koom...". La canción se desvanecía a medida que Marie caminaba.

La abuela nunca iba a la iglesia y a menudo se quejaba de "esa religión de hombres blancos". Hoy día se queja de muchas cosas, como del "plan de reubicación" para los indígenas que había decretado el Gobierno. El día anterior, tarde en la noche, Marie oyó una conversación entre la abuela, el abuelo y el tío Ajidamo. La abuela había expresado con determinación que detestaba el nuevo plan del Gobierno.

La abuela era la única persona de Pine Bend, Minnesota, que tenía un televisor. Por eso todos los habitantes de las casas vecinas se reunían en la sala de la abuela para ver las noticias de la tarde. Marie se sentaba en el piso y veía las imágenes de la ciudad que brillaban en la pantalla.

En la ciudad había edificios de ladrillo, muy diferentes de las casas de madera de Pine Bend. Había también calles pavimentadas y aceras; no había caminos de grava. Las mujeres citadinas vestían zapatos de tacones y vestidos. Los hombres vestían trajes negros y corbatas negras. Marie solía observar a su abuela, que vestía un vestido largo de algodón y un delantal azul. Marie trataba de imaginar a la abuela con zapatos de tacones en vez de sus mocasines de cuero con cuentas. Ella comenzaba a reírse de sus propios pensamientos. Entonces la abuela le preguntaba:

—¿Qué sucede?

—Nada —respondía Marie con una sonrisa. Luego miraba a su abuelo, que llevaba overol de dril y botas de trabajo. Siempre daba la impresión de que se dirigía al campamento maderero. Marie comenzaba a reírse sola de nuevo cuando se imaginaba al abuelo con un traje.

Alfred Jr., que vivía en la casa azul, estaba charlando con el tío de Marie, Ajidamo.

—Primero el Gobierno nos ubica en estas reservas. Luego, en 1956, cambian de opinión repentinamente y ahora desean enviarnos a la ciudad para que construyamos rascacielos —dijo.

Marie preguntó:

—¿Qué es un rascacielos?

—Un edificio tan alto que uno puede ver las nubes desde arriba —le explicó Ajidamo.

Marie podía saber, por el tono de su voz, que su tío se burlaba de ella.

Alfred Jr. se rio y añadió:

—Los rascacielos son edificios más altos que cualquiera de los pinos de aquí. Me llevaré a tu tío a Zhi-gaag-go —Marie se preguntó si los habitantes de la ciudad sabían que Chicago significaba "zorrillo" en ojibwa—. Seremos trabajadores metalúrgicos. Trabajaremos en el cielo para construir la ciudad. Bueno, eso sucederá si tu tío no se marea y se devuelve a casa de inmediato.

—No —le dijo Ajidamo—, tú eres al único que le da miedo treparse a los árboles más altos cuando estamos en el campamento maderero.

El tono de los demás hombres también era de entusiasmo cuando hablaban de mudarse a Zhi-gaag-go.

Mientras hablaban, Marie imaginó al tío Ajidamo en la ciudad. Ella podía imaginar con facilidad a su tío caminando con el pelo peinado hacia atrás a lo largo de una acera. Lo imaginaba yendo de punta en blanco.

Capítulo 2 La discusión

Después de que todos se fueron a dormir, la abuela y el abuelo se reunieron en torno a la mesa de la cocina y hablaron en ojibwa. Hablaban del tío Ajidamo, aunque él estaba tomando café ahí al lado de ellos, junto a la mesa de la cocina. Ajidamo había cumplido dieciocho años hace poco. Los hombres se burlaban de él diciéndole que era muy joven para ir a Zhi-gaag.go. Él se había encogido de hombros y dicho: "Ya veremos". Ahora estaba sentado junto a la mesa de la cocina tomando café mientras la abuela y el abuelo se lanzaban palabras en ojibwa como palomitas de maíz. Ajidamo tomaba un sorbo de café y miraba a la abuela. Luego, tomaba otro sorbo y miraba al abuelo. Marie, sobre el piso de la cocina, estaba ocupada llenando un libro para colorear. La abuela no le diría que debería irse a dormir siempre que Marie se quedara en silencio.

La abuela quería que Ajidamo se quedara en la reserva y fuera leñador. Hablaba con intensidad. Las palabras salían disparadas de su boca y sus manos se movían aún más rápido. El abuelo no era muy comunicativo, así que tan solo asentía. Cada vez que él trataba de intervenir, la abuela lo interrumpía y decía:

—La ciudad no es un buen lugar para las personas de nuestro pueblo.

Ajidamo finalmente preguntó en inglés y en voz alta:

—¿Acaso importa lo que yo deseo? Treparse a pinos grises y talar árboles de 1000 libras no puede ser menos peligroso o más extenuante que treparse a los edificios y fijar el acero.

—No pertenecemos a la ciudad —respondió la abuela. En seguida, al ver a Marie, dijo—. Ve a la cama, Marie.

Tendida en la cama, Marie pasó su mano por la suave colcha que cubría el tambor que estaba al lado de su cama. El tambor había estado en su habitación, protegido por la colcha, desde que Marie tenía recuerdos. Ya no preguntaba por qué estaba el tambor en ese lugar. Se durmió oyendo el sonido de las voces de su familia. A veces hablaban muy duro y a veces cuchicheaban. A veces hablaban en inglés y a veces en ojibwa. El tambor vibraba levemente bajo su mano por el tono de las voces. El movimiento arrulló a Marie.

Capítulo 3 Una canción

El día siguiente era domingo. En la madrugada, antes de que sonara la campana de la iglesia, la abuela despertó a todo el pueblo pues se puso a cantar y a tocar el tambor en el camino de grava que quedaba frente a la casa. Marie saltó de la cama y corrió hacia la puerta mosquitera. El sol apenas había salido, y ahí estaba la abuela, cantando mientras tocaba el tambor que siempre había estado en la habitación de Marie. La abuela cantaba en ojibwa a todo pulmón. Marie, atónita, permanecía de pie a la entrada de la casa. Miró a Ajidamo cuando él también apareció. Llevaba el pelo desordenado a causa del sueño. Marie miró hacia la cocina por encima de su hombro. Ahí estaba el abuelo tomando calmadamente una taza de café.

Marie miró con atención a la abuela tocando el tambor. Nunca la había visto cantar ni tocar el tambor. Estaba sentada sobre un pedestal de madera que tenía cuatro puntales de madera que lo sostenían. Marie pudo ver los dibujos en el costado del tambor: uno era una mano roja; el otro, un muñeco de palitos de cuya cabeza salían unos rayos de luz. La abuela se valía de una baqueta cubierta de cuero crudo para marcar el ritmo de la canción mientras cantaba.

Marie pudo ver otros rostros que se asomaban en las ventanas de algunas de las otras casas. Algunos hombres y mujeres estaban de pie en el portal de sus casas. Muchos estaban hipnotizados por la música. Unos pocos rayos de sol se colaban por los pinos grises.

Al final de la canción la abuela gritó: "Aiii iiii iiii...". El sonido subió por su garganta, pasó por su boca y se perdió en el cielo infinito. Varias de las mujeres que estaban paradas en la entrada de sus casas se unieron a ella. "Aiii iiii iiii" se oyó en todo el pueblo.

Cuando dejó de cantar, la abuela llevó con cuidado el tambor a la casa y le pidió a Ajidamo que lo sostuviera durante un momento. Luego, se devolvió y dobló las partes de madera que componían el pedestal. Lo llevó a la habitación de Marie. Ajidamo, llevando el tambor, la siguió. La abuela les indició a Marie y Ajidamo que la acompañaran a la cocina y se sentaran a la mesa. Luego, ella se sentó al lado del abuelo.

—¿Sabían que hoy es ilegal que yo cante y toque el tambor? —dijo la abuela—. Practicar nuestra religión, llevar nuestro modo de vida, fue prohibido por las leyes civilizadoras de 1880. Podría ir a prisión durante 30 años solo por cantar esa canción.

Detective del lenguaje	Busca un adverbio de tiempo en esta página.

Capítulo 4 Las costumbres antiguas

—Treinta años de cárcel por rezar a nuestro modo, en nuestra lengua, con las canciones de nuestros ancestros —dijo la abuela acaloradamente—. Ha habido noches en las que el tambor me pide que cante nuestras canciones. Pero tenía miedo; sentía la vigilancia del Gobierno. Ahora no tengo miedo. Que vengan a llevarme.

—No —contestó Marie en voz baja.

El abuelo se rio y repuso:

—No se va a ir a ningún lado —tras decir esto se levantó a responder un leve toqueteo en la puerta. Volvió a la cocina llevando una tela doblada y se la entregó a la abuela —Jigs dice: "Miigwetch".

Durante el resto del desayuno, algunas personas del pueblo fueron a la casa y le entregaron a la abuela mermelada casera, telas, y toallas para la cocina. El abuelo ponía todos los regalos al frente de la abuela.

—Nuestras costumbres antiguas son poderosas. Es por eso que el Gobierno prohibió nuestras tradiciones. Pero esta mañana canté —dijo la abuela mirando a Ajidamo— para que pudieras ir a la ciudad para ser trabajador metalúrgico. Al dejar el pueblo, recuerda esta canción, nuestra lengua y nuestras costumbres. Hónralas y llévalas contigo. Cántalas en lo alto de esos edificios que tocan el cielo, así podremos oírlas aquí, en la reserva.

—¿A qué te refieres? —preguntó Marie.

—Siempre seremos ojibwa, siempre Anishinaabe, aunque vivamos aquí o en la ciudad. Esta es nuestra tierra. El viento conoce nuestras canciones. He oído que a Zhi-gaag-go la llaman La Ciudad de los Vientos —dijo la abuela soltando una risa—, de modo que Ajidamo me oirá cantar en el viento, al igual que yo lo escucharé cantar en Zhi-gaag-go. Si practicamos nuestras costumbres antiguas, seremos un pueblo fuerte. Nos hemos replegado lejos, hasta esta reserva. Ahora es el momento de ser parte del gran mundo que se extiende allá afuera. Si mantenemos vivas nuestras tradiciones, siempre recordaremos lo que nos hace Anishinaabe. Es hora de que les enseñe las costumbres antiguas.

Marie y Ajidamo se miraron entre sí.

La abuela sonrió y prosiguió:

—Esta tarde haremos un banquete para nuestros amigos, para agredecer sus regalos. Marie, quiero que recojas una cesta de capulines, pues haré jugo de capulín.

Marie miró a la abuela por encima de su vaso de leche y levantó las cejas, que parecían signos de interrogación.

—No me mires de esa manera. Es irritante, Marie. Los capulines son uno de nuestros alimentos sagrados.

—Nunca te habíamos oído hablar antes de estas cosas —repuso Marie.

—Bueno, ya fue suficiente tanto silencio. Ustedes deben aprender las costumbres antiguas, especialmente si tu tío se va a Zhi-gaag-go a treparse a árboles de hierro —dijo la abuela, mientras le pasaba a Marie el canasto.

Detective del lenguaje	Indica cuál de las palabras subrayadas es un adverbio de cantidad.

Había muchos capulines púrpuras en los arbustos que quedaban en el recodo del camino a un cuarto de milla. Marie comió una manotada. El sabor le hizo estremecerse. Sabían casi como el limón, pero luego la dulzura de las bayas opacaba el ácido. Escupió las semillas en el camino. La hierba alta le picaba las piernas y miles de insectos zumbaban a su alrededor, como si hubiera una epidemia de moscas. Marie oía cómo el viento susurraba en las hojas de los álamos.

Mientras tomaba los capulines, Marie pensaba en su abuela, que se había atrevido a tocar el tambor y a cantar. Pensó en el tío Ajidamo y deseó que volviera a casa vistiendo un traje, como los personajes de la televisión. Cuando el canasto estaba repleto, retomó sus pasos con dirección al pueblo. Un poco más adelante de la iglesia, vio a su abuela caminando para encontrarla.

La abuela tomó el canasto y pasó el brazo alrededor del hombro de Marie. Muy suavemente cantó la canción que había cantado esa mañana.

Al llegar a casa, Marie pensó que tal vez podría cantar la canción por sí sola.

Respuesta a la lectura

Resumir

Resume *Una canción para Marie y Ajidamo* a partir de los detalles más importantes del relato. Utiliza el organizador gráfico.

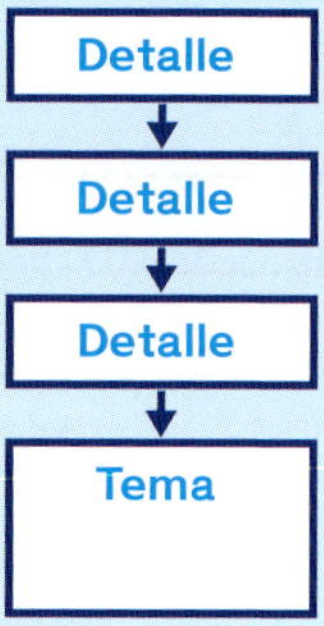

Evidencias en el texto

1. ¿Por qué este relato es un ejemplo de un texto de ficción histórica? GÉNERO

2. ¿Por qué la abuela decide enseñarles a Marie y Ajidamo las tradiciones ojibwa? TEMA

3. En la página 6, Marie imagina a Ajidamo "yendo de punta en blanco". ¿Cuáles son las denotaciones de "de punta en blanco"? ¿Cuáles son sus connotaciones? CONNOTACIÓN Y DENOTACIÓN

4. ¿Cómo cambia la abuela desde el principio del relato hasta el final? ESCRIBIR SOBRE LA LECTURA

Género Texto expositivo

Compara los textos

Lee acerca de la navegación astronómica y su importancia.

Las estrellas nos guían

Desde finales del siglo XX, utilizamos el GPS para saber dónde estamos y a dónde vamos. Los antiguos navegantes se ubicaban en alta mar observando las estrellas en la esfera celeste.

En un principio, los pueblos de la Antigüedad hacían travesías cortas para encontrar fácilmente el camino de regreso. Sin embargo, con el deseo de establecer contacto con pueblos lejanos, explorar nuevos territorios y ampliar sus redes comerciales, aplicaron sus conocimientos astronómicos a la navegación en alta mar y así lograron realizar recorridos más largos.

Las constelaciones son agrupaciones de estrellas unidas por trazos imaginarios que forman figuras.

Para determinar la dirección que debían seguir, los navegantes se guiaban durante el día por el movimiento de la salida y puesta del sol, y en la noche, por la Estrella Polar y por las constelaciones y estrellas Osa Mayor, Osa Menor, Orión y Can Mayor.

Con el tiempo se desarrollaron instrumentos que facilitaron la lectura de las estrellas y el posicionamiento de los observadores con respecto a ellas. Algunos de estos instrumentos son el cuadrante náutico, la piedra solar, el astrolabio, la ballestilla, el sextante, el kamal y el nocturlabio. Por ejemplo, la piedra solar, que usaban los vikingos, era un cristal de calcita rectangular, que les permitía saber la procedencia de la luz solar, aun con el cielo nublado, para determinar los puntos cardinales; los árabes y los chinos usaron el kamal para saber la latitud; y el astrolabio servía para determinar la altura, la posición y el movimiento de los astros.

Estos conocimientos de navegación astronómica aún se imparten en las escuelas de navegación.

Tú puedes identificar el Norte ubicando la Estrella Polar, así:

1. Mira el cielo nocturno en un lugar y momento en los que haya pocos obstáculos visuales, como luces, edificios y nubes.
2. Si estás en un punto del norte, mira cerca del centro del cielo. Si estás más al sur, mira más cerca del horizonte. La Estrella Polar siempre está en la línea del eje de rotación de la Tierra (vertical).
3. Traza líneas imaginarias para ubicar las siete estrellas de la Osa Mayor, que forman una sartén. Sigue las dos que están en el extremo de la sartén por una línea imaginaria de casi cinco veces la distancia entre estas, y encuentra la punta del asa de la Osa Menor. Esta será la estrella más brillante de la constelación, es decir, la Estrella Polar, Polaris o Estrella del Norte.

Haz conexiones

¿Cómo contribuyeron los instrumentos de navegación astronómica al desarrollo de la tecnología de la navegación moderna? **PREGUNTA ESENCIAL**

Según *Una canción para Marie y Ajidamo* y *Las estrellas nos guían*, ¿por qué es importante conocer las formas de navegación del pasado? **EL TEXTO Y OTROS TEXTOS**

Enfoque:
Género

Ficción histórica En los textos de ficción histórica se narra un relato ocurrido en el pasado. A menudo se presenta información de un hecho real y se muestra la manera como vivían las personas de esa época. Los textos de ficción histórica permiten que el lector comprenda el pasado.

Lee y descubre *Una canción para Marie y Ajidamo* es un relato basado en hechos y problemas reales que enfrentaron las comunidades indígenas en los años cincuenta. En el relato se muestra cómo los ojibwa buscaron preservar sus costumbres, pese a las medidas del Gobierno que los obligaba a trasladarse a las ciudades. Los personajes del relato son ficticios, pero la trama está inspirada en hechos reales.

Tu turno

Los indígenas preservan sus costumbres mediante la tradición oral. Los relatos que cuentan contienen la historia de su pueblo.

Elige una persona o un suceso de tu familia sobre el que puedas contar un relato. Puedes inventarte algunos detalles para que sea más interesante, pero el relato debe estar basado en sucesos reales. Practica la forma como contarás tu relato hasta que se escuche de la mejor manera. Luego, preséntalo a la clase.

Rincón literario

Ficción

CríticaMENTE

Personajes

¿Cómo describirías el personaje de la abuela de *Una canción para Marie y Ajidamo*?

Ambiente

¿Dónde ocurre el relato de *Una canción para Marie y Ajidamo*? ¿Cuándo?

Conclusiones

¿Cómo crees que se siente Marie al saber que Ajidamo se va a vivir a Chicago? ¿Qué opina de que la abuela les enseñe las viejas costumbres? ¿Qué evidencias del texto sustentan tus conclusiones?

Propósito del autor

¿Por qué crees que la autora escribió *Una canción para Marie y Ajidamo*?

Haz conexiones

¿Qué conexiones puedes hacer con otros relatos que hayas oído sobre niños que crecen y se van a vivir lejos de su hogar y de su familia?

Viejo y nuevo

GR U • Benchmark 50 • Lexile 835

MaravillasMHE.com

ISBN-13 978-0-07-685247-5
MHID 0-07-685247-4

McGraw Hill Education

cción
alista

El sonido arcoíris

Antonieta Villalba Zúñiga
ilustrado por Enrique Corts

McGraw Hill Education

LECTURA COMPLEMENTARIA El flamenco

ESTRATEGIAS Y DESTREZAS

Comprensión

Estrategia: Visualizar
Destreza: Problema y solución

Vocabulario

adoptivo, ahorrar, apoyar, emoción, exponer, herencia, historia, idéntico

Estándares curriculares

Estudios Sociales
Cultura y diversidad

Número de palabras: 2,553**

**El número total de palabras incluye las palabras del cuerpo de texto y de los títulos. No se incluyen los numerales ni las palabras en los pies de foto, rótulos, diagramas, tablas y notas al margen.

mheducation.com/prek-12

McGraw Hill Education

Send all inquiries to:
McGraw-Hill Education
Two Penn Plaza
New York, New York 10121

ISBN: 978-0-07-685237-6
MHID: 0-07-685237-7

Printed in China.

2 3 4 5 6 7 8 9 DSS 23 22 21 20 19 18

B